ПРЕПОДОБНЫЙ
ПАИСИЙ ВЕЛИЧКОВСКИЙ

ОБ УМНОЙ ИЛИ ВНУТРЕННЕЙ МОЛИТВЕ

ORTHODOX LOGOS PUBLISHING

ОБ УМНОЙ ИЛИ ВНУТРЕННЕЙ МОЛИТВЕ

преподобный Паисий (Величковский)

Икона на обложке книги:
«Паїсій Величковський», *неизвестный автор*

© 2024, Orthodox Logos Publishing, The Netherlands

www.orthodoxlogos.com

ISBN: 978-1-80484-145-7

This book is in copyright. No part of this publication may
be reproduced, stored in a retrieval system or transmitted in any form or
by any means without the prior permission in writing of
the publisher, nor be otherwise circulated in any form of binding
or cover other than that in which it is published without a similar
condition, including this condition, being imposed
on the subsequent purchaser.

ПРЕПОДОБНЫЙ
ПАИСИЙ ВЕЛИЧКОВСКИЙ

ОБ УМНОЙ ИЛИ ВНУТРЕННЕЙ МОЛИТВЕ

ORTHODOX LOGOS PUBLISHING

СОДЕРЖАНИЕ

Предисловие старца Паисия ... 7

Об умной или внутренней молитве ... 9

Глава 1. Против хулителей умной молитвы. О том, что умная молитва есть делание древних святых отцов, и против хулителей этой священной и пренепорочной молитвы ... 10

Глава 2. Откуда эта Божественная умная молитва имеет начало, и какие свидетельства Богоносные отцы приводят о ней из Священного Писания ... 22

Глава 3. О том, что эта священная умная молитва есть духовное художество ... 37

Глава 4. Какое нужно предуготовление тому, кто желает проходить это Божественное делание ... 39

Глава 5. О том, что такое эта священная Иисусов молитва по качеству своему и действию ... 41

Глава 6. О том, как должно в начале обучаться действованию умом в сердце этой Божественной молитвы ... 45

Примечания ... 51

Биография: Преподобный Паисий (Величковский) ... 53

Сочинение блаженного старца схимонаха
и архимандрита Паисия Величковского
настоятеля Нямецкого и других монастырей
в Молдавии и основателя Русского
Ильинского скита на Афоне

ПРЕДИСЛОВИЕ СТАРЦА ПАИСИЯ

Дошел слух до меня последнего, что некоторые из монашеского звания[1] дерзают хулить Божественную, приснопамятную и Боготворную Иисусову, умом в сердце священнодействуемую молитву, созидая таковое свое языкоболие на песце суемудрия без всякого свидетельства. Вооружает их дерзаю сказать, на это враг, чтобы их языками, как своим орудием, опорочить это пренепорочное и Божественное дело и слепотою их разума помрачить это мысленное солнце. Поэтому, оплакав такое зломудрие этих заблуждающих от чрева и глаголющих лжу (Псал. 57, 4) и опасаясь, чтобы кто-нибудь из неутвержденных в разуме слыша такие их баснословия не впал в подобный им ров злохуления, и смертно не согрешил пред Богом, похулив учение премногих Богоносных отцов наших, свидетельствующих и учащих о сей Божественной молитве из просвещения Божественной благодати, к тому же и не терпя более слышать хульные речи на это пренепорочное делание, и в добавок убеждаемый просьбою ревнителей этого душеспасительного делания, – решился я хотя это и превышает немощный мой ум и слабые силы, призвав на помощь сладчайшего моего Иисуса без Которого никто не может что-нибудь делать, в опровержение лжеименного разума пустоумных и на утверждение Богоизбранного стада о имени Христовом собравшихся, в нашей обители братий, написать мало нечто о Божественной умной молитве выписками из учения святых отцов, для твердого, непоколебимого и несомненного о ней удостоверения.

Будучи прах и пепел, преклоняю мысленные колена сердца моего пред неприступным величеством Твоей Божественной славы, и молю Тебя, всесладчайший мой Иисусе Единородный Сыне и Слове Божий сияние славы и образ ипостаси Отчей! Просвети помраченный мой ум и помысл и даруй Твою благодать окаянной душе моей, чтобы этот труд мой послужил во славе пресвятого Твоего имени и в пользу тем, кои хотят чрез умное и священное делание молитвы, умно прилепляться Тебе, Богу нашему, и Тебя, бесценного бисера непрестанно носить в душе своей в сердце и на исправление тех, которые по крайнему своему неведению дерзнули похулить это Божественное делание!

ОБ УМНОЙ ИЛИ ВНУТРЕННЕЙ МОЛИТВЕ

ГЛАВА 1.

ПРОТИВ ХУЛИТЕЛЕЙ УМНОЙ МОЛИТВЫ. О ТОМ, ЧТО УМНАЯ МОЛИТВА ЕСТЬ ДЕЛАНИЕ ДРЕВНИХ СВЯТЫХ ОТЦОВ, И ПРОТИВ ХУЛИТЕЛЕЙ ЭТОЙ СВЯЩЕННОЙ И ПРЕНЕПОРОЧНОЙ МОЛИТВЫ

Пусть будет известно, что это Божественное делание священной умной молитвы было непрестанным делом древних Богоносных отцов наших, и на многих местах пустынных, и в общежительных монастырях, как солнце просияло оно между монахами: в Синайской горе, в Египетском скиту, в Нитрийской горе в Иерусалиме и в монастырях, которые окрест Иерусалима, и просто сказать – на всем Востоке, в Цареграде, на Афонской горе и на морских островах; а в последние времена, благодатию Христовою – и в Великой России. Этим умным вниманием священной молитвы, многие из Богоносных наших отцов, разжегшись серафимским пламенем любви к Богу, и по Боге к ближнему, соделались строжайшими хранителями заповедей Божиих и, очистив свои души и сердца от всех пороков ветхого человека, удостоились быть избранными сосудами Святого Духа. Исполнившись Его различных Божественных даров, они явились по своей жизни светилами и огненными столпами для вселенной и, соделав бесчисленные чудеса, делом и словом привели неисчетное множество человеческих душ ко спасению. Из них-то многие, подвигшись тайным Божественным, вдохновениям, написали книги своих учений об этой Божественной умной молитве, по силе Божественных Писаний Ветхого и Нового Завета, исполненные премудрости Святого Духа. И это было по особенному Промыслу Божию, чтобы как-нибудь в последние времена это Божественное дело не пришло в забвение. Из этих книг многие, Божиим грехов ради наших попущением, истреблены Сарацынами, покорившими Греческое царство; некоторые же по смотрению Божию сохранились до наших времен. На помянутое Божественное умное делание и хранение сердечного рая никогда никто из правоверующих не дерзнул произнести хулы; но всегда все относились к нему с великою честью и крайним благоговением, как к вещи, исполненной всякой духовной пользы. Но начальник злобы и супостат всякого благого дела – диавол, – видя, что наиболее через это делание умной молитвы монашеский чин, избирая благую часть, сидит неотторжною любовью у ног Иисусовых, преуспевая в совершенство Его Божественных заповедей, и через то делается светом и просвещением миру, – начал таять завистью и употреблять все свои козни, чтобы опорочить и похулить это душеспасительное дело и, если можно, совершенно истребить с лица земли. И то, как сказано выше, через Сарацын, во всем ему подобных, истреблял книги: то в чистую и небесную этого делания пшеницу насевал свои душетленные плевелы, чтобы посредством безрассудных нанести на это спасительное дело хулу тем, что самочинники касавшиеся этого делания, ради своего возношения вместо пшеницы пожинали терние, и вместо спасения находили погибель. И этим еще диавол не удовольствовался, но нашел в Итальянских странах

Калабрийского змия, предтечу антихристова, гордостью во всем подобного диаволу, еретика Варлаама и поселившись в нем со всею своею силою, подвиг его хулить нашу Православную веру, как об этом подробно пишется в постной триоди, в синаксаре второй недели Святого Великого поста. Между прочим дерзнул он различно, и языком и рукой, хулить и отвергать и священную умную молитву, как пишет об этом в своей священной книге, в главе 31-й иже во святых отец наш Симеон, Архиепископ Фессалонитский, которого и подлинные слова предлагаю здесь, говорящего так:

«Этот окаянный Варлаам многое хулил и писал и на священную молитву, и на Божественную, что на Фаворе (Мф. 17:5), благодать и осияние. Не поняв, и даже неспособный понять (да как и постигнуть это тому, кто умом осуетился, и в мечтании мысли с гордым соединен?), что значат слова: *непрестанно молитеся* (1Сол. 5:17) ни того, что значат слова: *помолюся духом, помолюся же и умом* (1Кор.14:15); также: *воспевающе и поюще в сердцах ваших Господеви* (Кол. 3:16); и что *посла Бог Духа Сына Своего*, то есть благодать; *в сердца ваша, вопиюща: Авва, Отче* (Гал. 4:6); также: *хощу пять словес умом моим глаголати, нежели тьмы словес языком* (1Кор. 14:19), – он отверг и умную молитву, или лучше, призывание Господне, которое есть и исповедание Петра, исповедовавшего: *Ты еси Христос, Сын Бога живаго* (Мф. 16:16), и предание самого Господа, говорящего в Евангелии: *еже аще что просите от Отца во имя Мое, даст вам* (Ин. 15:16); так же: *Именем Моим бесы иждденут* (Мк. 16:17), и прочее. Ведь имя Его есть живот вечный: *сия же*, говорит, *писана быша, да веруете, яко Иисус есть Христос Сын Божий, и да верующе живот имате во имя Его* (Ин. 20:31); и Духа Святого преподает призывание Христово: *никтоже может рещи Господа*

Иисуса, точию Духом Святым (1Кор. 12:3), да и тысячекратно об этом сказано».

Что же успел своим начинанием началозлобный змей с сыном погибели, треклятым еретиком Варлаамом, которого, как я сказал, научил он на хуление против священной умной молитвы? Возмог ли его хулением помрачить свет этого умного делания и, как он надеялся, до конца истребить? Никак. Но болезнь его обратилась на главу его. В то время великий поборник и предстатель благочестия, пресветлый между святыми отец наш Григорий, Архиепископ Фессалонитский, Палама, который в совершенном послушании и непрестанном священном упражнении умной молитвы, как солнце, просиял на святой Афонской горе дарованиями Святого Духа, еще прежде возведения на архиерейский престол этой церкви, в царствование божественнейшего царя Андроника Палеолога в царствующем граде во именитом великом храме Премудрости Божией на соборе собравшемся против вышепомянутого еретика Варлаама, исполнившись Духа Божия, облекшись в непреоборимую силу свыше, отверстыя на Бога уста того заградил и в конец посрамил, и хвастные его ереси и все его хуления огнедухновенными словами и писаниями сжег и в пепел обратил. И всей Соборною Божиею Церковию этот Варлаам еретик с Акиндином и всеми своими единомышленниками трижды предан анафеме. Но и доныне тою же Церковью ежегодно в неделю Православия, вместе с прочими еретиками, он проклинается так: Варлааму и Акиндину и последователям и преемникам их – анафема трижды.

Глядите здесь, други, дерзающие хулить умную молитву, и рассмотрите, кто был первый ее хулитель: не еретик ли Варлаам, трижды Церковью преданный анафеме и имеющий проклинаться во веки? Не приобщаетесь ли и вы вашим злохулением этому еретику и его единомысленникам? Ужели не трепещете душою вашею подпасть подобному им церковному проклятию, и быть отчужденными от Бога? Восставая на священнейшее дело и соблазняя вашим злохулением души неутвержденных в разуме ближних ваших, ужели не ужасаетесь страшной за это в Евангелии Божией грозы? Разве не боитесь, по слову Апостольскому: *страшно есть впасть в руце Бога живаго* (Евр. 10:31), подпасть за это, если не покаетесь, и временной и вечной казни? Какую благовидную причину изобрели вы, чтобы, похулить эту пренепорочную и блаженнейшую вещь? Совершенно недоумеваю. Призвание ли имени Иисусова, думается вам, неполезно? Но и о ином ком нет возможности, токмо о имени Господа нашего Иисуса Христа. Ум ли человеческий, которым действуется молитва, порочен? Но это невозможно. Ведь Бог создал человека по образу Своему и по подобию: образ же Божий и подобие это – душа человека, которая, по созданию Божию, чиста и непорочна: значит и ум, будучи начальнейшим душевным чувством как и в теле зрение, также непорочен. Но не сердце ли, на котором как на жертвеннике ум священнодействует Богу тайную жертву молитвы, заслуживает хулы? Никак. Будучи создание Божие, как и все человеческое тело, оно – прекрасно. Если же призывание Иисусово – спасительно, а ум и сердце человека суть дело рук Божиих: то какой порок человеку – воссылать из глубины сердца умом молитву к сладчайшему Иисусу и просить от Него милости? Или не потому ли вы хулите и отвергаете умную молитву, что вам думается, будто Бог не слышит тайной, в сердце совершаемой молитвы, но слышит только ту, которая произносится устами? Но это хула на Бога: ведь Бог сердцеведец, и в точности знает все самые тончайшие сердечные мысли, и даже будущие, и знает все как Бог и Всеведец. Да и Сам Он, требует, как чистой и непорочной жертвы, именно такой тайной молитвы, воссылаемой из глубины сердца, заповедав: *Ты же егда молишися, вниди в клеть твою, и затворив двери твоя, помолися Отцу твоему, иже втайне, и Отец твой, видяй втайне, воздаст тебе яве* (Мф. 6:6); что Христовы уста, всемирное светило, вселенский учитель, святой Иоанн Златоуст, в беседе девятнадцатой на Евангелие от Матфея, Богоданною Святого Духа премудростью относит не к той молитве, которая произносится одними только устами и языком: но к самой тайной, безгласной, из глубины сердца посылаемой молитве, которую он учит совершать не действиями тела, и не криком голоса, но усерднейшим произволением, со всякою тихостью, с сокрушением мыслей и внутренними слезами, с душевною болезнью и затворением мысленных дверей. И приводит в свидетельство об этой молитве из Божественного Писания – Боговидца Моисея, и святую Анну, и праведного Авеля, говоря так. «Но болезнуешь ли душой? не можешь и не вопить, потому что молиться и просить так, как я сказал, свойственно очень болезнующему. И Моисей, болезнуя, так молился и болезнь его слышалась, почему и говорил к нему Бог: *что вопиеши ко Мне?* (Исх. 14:15). И Анна, опять, исполнила все что хотела, а глас ее не слышался, потому что вопияло ее сердце. Авель же не молча ли, и даже скончавшись, молился? и кровь его испускала глас, превосходнейший гласа трубы. Стени и ты так же, как и святой Моисей, не возбраняю. Раздери, как повелел Пророк, сердце твое, а не ризы. Из глубины призови Бога: из глубины, говорит, воззвах к Тебе, Господи. Снизу, из сердца привлеки глас; сделай молитву твою таинством. И ниже: «ведь не человекам молишься, но Богу вездесущему, слышащему прежде голоса, и знающему мысли непроизнесенные: если так молишься, получишь великую мзду. *Отец твой*, говорит, *видяй втайне, воздаст тебе яве* (Мф. 6:6). И ниже: «Так как Он невидим, то хочет, чтобы и молитва твоя была такою же». Видите ли, друзья, что по свидетельству непреоборимого столпа Православия, есть другая, кроме произносимой устами тайная, невидимая, безгласная, из глубины сердца возносимая к Богу молитва, которую, как чистую жертву приемлет Господь в воню благоухания духовного, радуется о ней и веселится, видя, что ум, который по преимуществу должно посвящать Богу, соединяется Ему молитвою. Зачем же на эту молитву, свидетельствуемую Христовыми устами, святым говорю, Иоанном Златоустом; вооружаете хулою свой язык, хуля, злословя, ненавидя, ругаясь, отвергая и отвращаясь, как от какой вещи скверной, и трепет объемлет меня по причине такого бессловесного вашего начинания.

Но и еще, изыскивая причины вашей хулы, спрашиваю вас: не потому ли хулите эту спасительнейшую молитву, что, может быть, случилось вам видеть или слышать, что кто-нибудь из делателей этой молитвы иступил ума, или принял какую-нибудь прелесть вместо истины, или потерпел какой-нибудь душевный вред, и потому возмнилось вам, будто умная молитва служит причиною такого вреда? Но нет, нет! На самом деле это вовсе не так. Священная умная молитва, по силе писаний Богоносных отцов, действуемая Божией благодатию, очищает человека от всех страстей, возбуждает к усерднейшему хранению заповедей Божиих, и от всех стрел вражиих и прелестей хранит невредимым. Если же кто дерзнет действовать эту молитву самочинно, не по силе учения святых отцов, без вопрошания и совета опытных, и будучи надменен, страстен и немощен, живет без послушания и повиновения, и к тому же гоняется единственно за пустынножитием, которого, за свое самочиние, он и следа видеть не достоин: таковой, воистину, и я утверждаю, удобно впадает во все сети и прелести дьявольские. Что же? Молитва ли эта причиною такой прелести? Никак. Если же вы за это порочите мысленную молитву: то пусть будет для вас порочен и нож, если бы случилось малому ребенку, играя, по причине неразумия, заколоть себя им. Также, по-вашему, нужно запретить и воинам употребление воинского меча, который они принимают против врагов, если бы случилось какому-нибудь безумному воину заколоть себя своим мечем. Но как нож и меч не служат причиною ни одного порока, но только обличают безумие заклавших себя ими: так и меч духовный, священная, говорю, умная молитва неповинна ни одному пороку; но самочиние и гордость самочинников служат причиною бесовских прелестей и всякого душевного вреда.

Но к чему еще, как будто недоумевая доселе, спрашиваю у вас причины вашего злохуления на эту самую существенную причину вашего языкоболия! Причины эти следующие: 1-е, не по заповеди Божией, то есть, не с испытанием, ваше чтение Священных Писаний; 2-е, недоверие учению святых отцов наших, учащих о сей Божественной умной молитве Богоданною им премудростью Духа, по силе Священных Писаний: 3-е, наконец, ваше крайнее невежество: вы или никогда, может быть, не видели и не слышали о ней в писании Богоносных отцов наших; или, если не это, то силы Богомудрых их слов вы отнюдь не разумеете – вот самая существенная причина такого вашего зломудрия.

Если бы вы со страхом Божиим и крепким вниманием и несомненною верою с трудолюбным испытанием и смиренномудрием прочитали отеческие книги, приличествующие наиболее к чтению одним монашествующим, содержащие в себе весь разум жительства Евангельского – отеческие, говорю, книги, которые также необходимы монахам для душевной пользы и исправления и для стяжания истинного, здравого, непрелестного, и смиренномудрого разума, как для составления телесной жизни необходимо дыхание; если бы вы так читали эти книги: то никогда не попустил бы вам Бог впасть в такой ров злохуления. Более: через это делание Он разжег бы вас Своею Божественною благодатию в неизреченную Свою любовь, так что и вы с Апостолом вопияли бы: *кто ны разлучит от любве Христовы* (Рим. 8:35), в которую вы сподобились бы достигнуть мысленным деланием этой молитвы? И вы не только не хулили бы ее, но и душу свою усердствовали бы положить за нее, ощутив от этого умного внимания самым делом и опытом неизреченную душам своим пользу. А как вы книг преподобных отцов наших с несомненною верою не прочитываете, или и читая, не доверяете, как это показывают плоды вашего хуления, или совсем пренебрегаете читать: то и впади вы в такое Богопротивное мудрование, что, как бы никогда не слышавшие христианских писаний, вы хулите и отвергаете эту священную молитву, свидетельствуемую, по Богомудрому объяснению святых отцов, всем Священным Писанием.

А чтобы избавиться вам, и всем, сомневающимся о ней, от такого душевного вреда, не нахожу другого приличнейшего врачевства, кроме того, что постараюсь, сколько Господь мне Своею благодатию поспешит и поможет, указать, что Богоносные отцы наши, просвещенные Божественною благодатию, утверждают здание душеполезного своего учения об этой всесвященной, умом в сердце тайнодействуемой молитве, на недвижимом камени Священного Писания. Вы же, увидев сами явно и ясно, при содействии тайно коснувшейся душам вашим благодати Божией, истину учения святых отцов, и исцелившись от этого душевного вашего недуга, принесите Богу о вашем поползновении искреннейшее покаяние – и сподобитесь Его Божественной милости и совершенного прощения вашего согрешения.

ГЛАВА 2.

ОТКУДА ЭТА БОЖЕСТВЕННАЯ УМНАЯ МОЛИТВА ИМЕЕТ НАЧАЛО, И КАКИЕ СВИДЕТЕЛЬСТВА БОГОНОСНЫЕ ОТЦЫ ПРИВОДЯТ О НЕЙ ИЗ СВЯЩЕННОГО ПИСАНИЯ

Прежде чем указать, откуда эта Божественная молитва имеет самое первое начало, нужно предложить к сведению следующее: пусть будет известно, что по писанию святых и Богоносных отцов наших, есть две умные молитвы: одна новоначальных, принадлежащая деянию, а другая совершенных, принадлежащая видению; та – начало, а эта – конец, потому что деяние есть восхождение видения. Должно же знать, что по святому Григорию Синаиту, первых видений – восемь, которые пересчитывая, он говорит так: «Говорим, что имеются восемь первых видений. Первое – видение Бога безвидного, безначального и несозданного, причину всего, единой Троицы и пресущественного Божества. Второе – чина и устроения умных сил. Третье – устроения чувственных тварей. Четвертое – смотрительного снисхождения Слова. Пятое – всеобщего воскресения. Шестое – второго и страшного пришествия Христова. Седьмое – вечного мучения. Восьмое – царствия небесного, не имеющего конца». Предложив это, извещаю по мере худости моего немощного разума, в какой силе должно разуметь деяние и видение. Пусть будет известно (говорю к подобным мне препростым), что весь монашеский подвиг, которым, при помощи Божией, понуждался бы кто-нибудь на любовь к ближнему и Богу, на кротость, смирение и терпение, и на все прочие Божии и святоотеческие заповеди, на совершенное душою и телом по Богу повиновение, на пост, бдение, слезы, поклоны и прочие утомления тела, на всеусердное совершение церковного и келейного правила, на умное тайное упражнение молитвы, на плач и размышление о смерти: весь такой подвиг, пока еще ум управляется человеческим самовластием и произволением, с достоверностью называется деянием: но никак не видением. Если же таковой умный подвиг молитвы и назывался бы где в писании святых отцов зрением: то это по обыкновенному наречию, потому что ум, как душевное око, называется зрением.

Когда же кто Божиею помощью и вышесказанным подвигом, а более всего глубочайшим смирением очистит душу свою и сердце от всякой скверны страстей душевных и телесных: тогда благодать Божия, общая всех мать, взяв ум, ею очищенный, как малое дитя за руку, возводит, как по ступеням в вышесказанные духовные видения, открывая ему, по мере его очищения, неизреченные и непостижимые для ума Божественные тайны. И это воистину называется истинным духовным видением, которое и есть зрительная, или, по святому Исааку, чистая молитва, от которой -- ужас и видение. Но войти в эти видения не может никто самовластно своим произвольным подвигом, если не посетит кого Бог, и благодатию Своею введет в них. Если же кто без света благодати дерзнет восходить на такие видения: тот, по святому Григорию Синаиту, пусть знает, что он воображает мечтания, а не видения, мечтая и мечтаясь мечтательным духом (Григ. Син. гл. 130). Таково рассуждение о деятельной и зрительной молитве. Но уже время показать, откуда Божественная умная молитва имеет свое начало.

Пусть будет известно, что, по неложному свидетельству Богомудрого, преподобного и Богоносного Отца нашего Нила, постника Синайского, еще в раю, Самим Богом дана первозданному человеку умная Божественная молитва, приличествующая совершенным. Святой Нил, научая молившихся усердно – мужественно хранить молитвенный плод, чтобы труд их не был напрасен, говорит так: «Помолившись как должно, ожидай того, чего не должно, и стань мужественно, храня плод свой. Ведь на это определен ты сначала: делать и хранить. Потому, сделав, не оставь труд нестрегомым: в противном случае ты не получишь никакой пользы от молитвы» (гл. 49).

Объясняя эти слова. Российское светило, преподобный Нил пустынник Сорский, как солнце просиявший в Великой России умным деланием молитвы, как это явствует из его Богомудрой книги, говорит так: Этот святой привел это из древности: чтобы делать и хранить, потому что Писание говорит, что Бог, сотворив Адама, поместил его в раю делать и хранить рай. И здесь святой Нил Синайский делом райским назвал молитву, а хранением – соблюдение от злых помыслов по молитве». Также и преподобный Дорофей говорит, что первозданный человек, помещенный Богом в раю, пребывал в молитве, как он пишет в первом своем поучении. Из этих свидетельств явствует, что Бог, создав человека по образу Своему и по подобию, ввел его в рай сладости, делать сады бессмертные, то есть, мысли Божественные, чистейшие, высочайшие и совершенные, по святому Григорию Богослову. И это есть не что иное, как только то, чтобы он, как чистый душою и сердцем, пребывал в зрительной, одним умом священнодействуемой, благодатной молитве, то есть в сладчайшем видении Бога, и мужественно как зеницу ока, хранил ее, как дело райское, чтобы она никогда в душе и сердце не умалялась. Велика поэтому слава священной и Божественной умной молитвы, которой край и верх, то есть, начало и совершенство, даны Богом человеку в раю: оттуда она имеет свое и начало.

Но несравненно большую стяжала она славу, когда более всех святых святейшая, честнейшая Херувимов, и славнейшая без сравнения Серафимов, Пресвятая Дева Богородица, пребывая во Святая Святых, умною молитвою взошла на крайнюю высоту Боговидения, и сподобилась быть пространным селением невместимого всею тварию, ипостасно в Нее вместившегося Божия Слова и от Нее, человеческого ради спасения, бессеменно родившегося, как это свидетельствует непреоборимый столп Православия, иже во святых отец наш Григорий Палама, архиепископ Фессалонитский в слове на Введение во храм Пресвятой Владычицы нашей Богородицы и Приснодевы Марии. Он говорит, что Пресвятая Дева Богородица, пребывая во Святая Святых и уразумев совершенно из Священного Писания, читаемого каждую субботу, о погибели через преслушание человеческого рода, и исполнившись о нем крайнего сожаления, приняла от Бога умную молитву о скорейшем помиловании и спасении рода человеческого. Предлагаю здесь и самые слова этого Святого Григория, достойные ангельского разума, немногие из многих: «Эта Богоотроковица Дева, слыша и видя приняла сожаление общего рода, и рассматривала, как бы найти исцеление и врачевание, равносильное такому страданию. Вскоре Она нашлась — обратиться всем умом к Богу, и восприняла о нас эту молитву, чтобы понудить Непонужденного и скорее привлечь Его к нам, чтобы Сам Он истребил из среды клятву, остановил огонь, растлевающий пажить души, и привязал к Себе создание, исцелив немощное. Таким образом, Благодатная Дева, усмотрев Себе приличнейшее и свойственнейшее во всяком естестве, полагала умную молитву, как чудную и преславную и лучшую всякого слова. Изыскивая же, как бы художественно и свойственнее побеседовать к Богу, она приходила к Нему, Саморукоположная, или лучше – Богоизбранная молитвенница». И ниже: «Не видя же ничего из существующего лучше ее для человека – простирается со тщанием крепко к молению, новотворит большее и совершеннейшее, и изобретает, и действует, и последующему за этим преподает деяние, как высочайшее восхождение к видению: видение же столько большее пред вышесказанным, сколько истина выше мечтания. Но, собравшись все в себя и очистив ум, услышьте уже величие таинства: я хочу сказать слово, пользующее хотя все Христоименитое собрание, но наиболее относящееся к отрекшимся мира. Вкусивший уже ради отречения что-нибудь из тех будущих благ, которые и становится с Ангелами, и стяжавает жительство на небесах: этот да возжелает подражать по силе своей первой и Единой от младенчества отрекшейся для мира мíра, Приснодевственной Невесте». И ниже: «ища же, что нужнее всего молитвенникам для собеседования, чем приходит молитва, Дева находит священное безмолвие, – безмолвие ума, далекость мира, забвение дольнего и таинника горних разумений, предложение на лучшее: это деяние, как поистине восхождение к видению поистине Сущего, или лучше, сказать справедливее, к Боговидению, есть как бы краткое указание для души стяжавшего его (деяние) поистине. Всякая другая добродетель есть как врачевание, применительно к душевным недугам и вкоренившимся через уныние лукавым страстям: Боговидение же есть плод здравствующей души, как некоторое конечное совершенство и образ Боготворений, и потому человек Боготворится не словами или рассудительною умеренностию относительно видимого – все это земное, низкое, человеческое; но пребыванием в безмолвии, потому что этим мы отрешаемся и отходим от дольняго, и восходим к Богу. Претерпевая молитвами и молениями день и ночь в горнице безмолвного жительства, мы приближаемся как-то и приступаем к этому Неприступному и Блаженному Естеству. Претерпевающие таким образом, очистившие сердца священным безмолвием и срастворившиеся им неизреченно Тому, кто выше чувства и ума Свят – в себе, как в зеркале, видят Бога. Итак безмолвие есть скорое и сокращенное руководство, как успешнейшее и соединяющее с Богом, особенно для держащихся его во всем вполне. А Дева, которая от мягких, так сказать, ногтей пребывала в нем, что – Она? Она, как безмолвствовавшая превышеестественно с такого самого детского возраста, потому Одна изо всех и породила неискусомужно Богочеловека Слово». И ниже: «Поэтому и Пречистая, отрекаясь самого, так сказать, житейского пребывания и молвы, переселилась от людей, и избежав виновного жития, избрала жизнь никому невидимую и необщительную, пребывая в невходных. Здесь, разрешившись всякого вещественного союза, и оттрясши всякое общение и любовь ко всему и превзойдя самое снисхождение к телу, Она собрала весь ум в одно с Ним сообщение и пребывание и внимание и в непрестанную Божественную молитву. И ею, быв сама в себе и устроившись превыше многообразного мятежа и помышления, и просто – всякого вида и вещи, Она совершала новый и неизреченный путь на небо, который есть, скажу так, мысленное молчание. И к этому прилежа и внимая умом, прелетают все создания и твари, и гораздо лучше, нежели Моисей, зрит славу Божию, и назирает Божественную благодать, не подлежащую нисколько силе чувства, это благорадостное и священное видение нескверных душ и умов, причастившись которому, Она по Божественным песнопевцам, бывает светлый облак живой, поистине, воды, и заря мысленного дня и огнеобразная Колесница Слова» (Св. Григор. Палама).

Из этих слов Божественного Григория Паламы, имеющий ум может яснее солнца понять, что Пречистая Дева Богородица, пребывая во Святая Святых, умною молитвою взошла на крайнюю высоту Боговидения, и отречением для мира от мира, священным безмолвием ума, мысленным молчанием, собранием ума в непрестанную Божественную молитву и внимание, и восхождением чрез деяние к Боговидению – подала Сама Собою Божественному монашескому чину образец внимательного жительства по внутреннему человеку, чтобы монахи, отрекшиеся мира, взирая на Нее, усердно тщились, сколько по силе, Ее молитвами, быть в вышесказанных монашеских трудах и потах Ее подражателями, и кто возможет по достоинству похвалить Божественную умную молитву, делательницею которой, в образ пользы и преуспеяния монахов, наставляемая руководством Святого Духа, как сказано, была Сама Божия Матерь?

Но в утверждение и несомненное удостоверение сомнящихся о ней, как бы о вещи несвидетельствованной и недостоверной, наступает уже время показать, какие свидетельства Богоносные отцы, писавшие из просвещения Божественной благодати, приводят о ней из Священного Писания.

Непоколебимое основание Божественная умная молитва имеет в словах Господа нашего Иисуса Христа: ты же егда молишися, вниди в клеть твою, и затво-

рив двери твоя, помолися Отцу твоему, Иже втайне: и Отец твой, видяй втайне, воздаст тебе яве (Мф. 6:6).

Эти слова, как уже сказано в первой главе, всемирное светило, святой Иоанн Златоуст, Богоданною премудростью объясняет относительно безгласной, тайной, из глубины сердца воссылаемой молитвы, приводя в свидетельство из Священного Писания – Боговидца Моисея и святую Анну, матерь Самуила Пророка, и праведного Авеля и кровь его, вопиющую от земли, – что они в молитве своей, не испустив ни одного гласа, были услышаны Богом. Этот великий учитель вселенной, Христовы уста, святой Иоанн Златоуст и особенно еще изложил в трех словах, учение об этой Божественной молитве, как пишет об этом неложный свидетель, блаженнейший Симеон, архиепископ Фессалонитский, в 294 главе своей книги[2], которую вся святая соборная Восточная Церковь имеет в великом почитании как столп и утверждение истины.

Огненный же столп, и огненные Духа Святого уста, церковное око Василий, говорю, Великий, объясняя изречение Божественного Писания: *Благословлю Господа на всякое время, выну хвала Его во устех моих* (Пс.33:2), прекрасно научает об умных устах и умном действии, приводя свидетельства из Священного Писания, которого и самые слова, исполненные Божественной премудрости, представляю следующие: «*Выну хвала Его во устех моих*. Кажется, что Пророк говорит невозможное: как может быть хваление Божие в устах человеческих всегда? Когда человек говорит о обыкновенных житейских вещах, тогда он не имеет в устах хвалы Божией: когда спит, молчит, конечно: да и когда ест и пьет, то как уста его могут возносить хвалу? На это отвечаем, что есть некоторые мысленные уста внутреннего человека, коими он питается, причащаясь Слова животного, которое есть *хлеб, сшедый с небес* (Ин. 6:33). Об этих то устах сказал пророк: *уста моя отверзох и привлекох Дух* (Пс. 118:131). К этому и Господь побуждает нас, чтобы мы эти уста имели пространными, для достаточного приятия истинной пищи, говоря: *расшири уста твоя, и исполню я* (Пс. 80:11). Поэтому, и однажды начертанная, и утвердившаяся в разуме души, мысль о Боге может именоваться хвалою Божиею, всегда находящеюся в душе. И по Апостольскому слову, тщательный может все творить во славу Божию, так что всякое дело, и всякое слово, и всякое действие умное, имеет значение хвалы. *Аще бо яст праведный, аще ли пиет, аще иное что творит, вся во славу Божию творит* (1Кор. 10:31). У такого и у спящего сердце бдит. Так говорит святой Василий. Из слов же его явствует, что и кроме телесных уст имеются умные уста, и есть умное действие, и хваление, бывающее всегда мысленно во внутреннем человеке.

Тезоименитый блаженству, Египетское, или лучше сказать, всемирное солнце, просиявший неизреченными дарованиями Святого Духа, человек небесный, Великий, говорю, Макарий, в небесных своих словах об этой святой молитве говорит так: «Христианин должен всегда иметь память о Боге, потому что написано: *Возлюби Господа Бога твоего от всего сердца твоего* (Мф. 22:37). Не только тогда он должен любить Господа, когда входит в молитвенный храм: но и ходя, и беседуя, и вкушая, и пия, пусть имеет память о Боге, и любовь, и желание; потому что Он говорит: *идеже есть сокровище ваше, ту будет и сердце ваше* (Мф. 6:21)» и прочее.

Преподобный и Богоносный древний святой отец, Исаия-отшельник, о сокровенном поучении, то есть Иисусовой молитве, совершаемой мыслью в сердце, приводит в свидетельство слова Божественного Писания: *со-*

греяся сердце мое во мне, и в поучении моем разгорится огнь (Пс. 38:4).

Преподобный Симеон, свидетельствуемый в вышеупомянутой книге блаженнейшего Симеона Фессалонитского, который среди царствующего града, как солнце просиял умною молитвою в неизреченных дарованиях Святого Духа и поэтому всею Церковью наименован Новым Богословом – этот в своем слове о трех образах молитвы пишет об умной молитве и внимании так: «Святые отцы наши, слыша Господа, говорящего, что *от сердца исходят помышления злая, убийства, прелюбодеяния, любодеяния, татьбы, лжесвидетельства, хулы, и та суть сквернящая человека* (Мф. 15:19–20): и опять слыша, что Он научает очистить *внутреннее скляницы, да будет и внешнее чисто* (Мф. 23:26), оставили всякое другое дело и подвизались только в этом хранении сердца, зная наверно, что вместе с этим деланием они удобно приобретут и всякую другую добродетель. Без этого же делания невозможно приобрести и удержать ни одной добродетели. – Эти слова преподобного ясно показывают, что вышесказанные слова Господа Божественные отцы положили себе свидетельством и основанием хранения сердца, то есть мысленного призывания Иисуса. Этот преподобный приводит еще во свидетельство Божественной умной молитвы и другие изречения Священного Писания. Говоря об этом говорит и Екклесиаст: *веселися, юноше, в юности твоей, и ходи в путях сердца твоего непорочен, и отстави ярость от сердца твоего* (Ек. 11:9–10), и: *аще дух владеющаго взыдет на тя, места твоего не остави* (Ек. 10:4): местом же называет он сердце, как и Господь сказал: *от сердца исходят помышления злая* (Мф. 15:19). И опять: *не возноситеся* (Лк. 12:29), то есть, не расточайте ума вашего туда и сюда. И опять: *тесная врата и прискорбный путь вводяй в живот* (Мф.

7:14); также: *блажени нищии духом* (Мф. 5:3), то есть не имеющие в себе ни одной мысли этого века»³. И Апостол Петр говорит: *трезвитеся, бодрствуйте, зане супостат ваш дивол, яко лев рыкая ходит, иский кого поглотити* (1Пет. 5:8). И Апостол Павел ясно пишет к Ефесеям о сердечном хранении, говоря: *несть наша брань к крови и плоти, но к началом и ко властем и к миродержителем тмы века сего, к духовом злобы поднебесным* (Еф. 6:12).

Преподобный Исихий пресвитер, богослов и учитель Иерусалимской церкви, друг и собеседник преподобного и богоносного отца нашего Евфимия Великого, написавший Богомудро из просвещения Божественной благодати, об этом священном мысленном призывании в сердце Иисуса, то есть об умной молитве книгу в двести глав, приводит об этом свидетельства Священного Писания следующие: *Блажени чистии сердцем, яко тии Бога узрят* (Мф. 5:8); также: *внемли себе, да не будет слово тайно в сердце твоем беззакония* (Втор. 15:9); также: *во утрии предстану ти, и узриши мя* (Пс. 5:4); также: *блажен, иже имет и разбиет младенцы твоя о камень* (Пс. 136:9); также: *воутрия избивах вся грешныя земли, еже потребити от града Господня вся делающия беззакония* (Пс.100:8): также: *уготовися, Израилю, призывати имя Господа Бога твоего* (Ам. 4:12). И Апостол: *непрестанно молитеся* (1Сол. 5:17); и Сам Господь говорит: *без Мене не можете творити ничесоже. Иже будет во Мне, и Аз в нем, той сотворит плод мног. Аще кто во Мне не пребудет, извержется вон, якоже розга* (Ин. 15:5–6); также: *от сердца исходят помышления злая: убийства, прелюбодеяния, та суть сквернящая человека* (Мф. 15:19): также: *еже сотворити волю Твою, Боже мой, восхотех, и закон Твой посреди чрева моего* (Пс. 39:9), и прочая, который по множеству оставляю. Божественный и Богоносный отец наш Иоанн Лествичник приводит об этой священной молитве и истинном безмолвии ума, свидетельство Божественного Писания, говоря; «Великий великой и совершенной молитвы делатель сказал: *хощу пять словес умом моим рещи* (1Кор. 14:19), и прочее; и опять: *готово сердце мое, Боже, готово сердце мое* (Пс. 56:8); также: *аз сплю, а сердце мое бдит* (Песн. 5:2); также: *воззвах всем сердцем моим* (Пс. 118:145), то есть телом и душою и проч.

Божественный отец наш Филофей, игумен обители Купины Пресвятой Богородицы, что на Синае, составивший о мысленном хранении сердца малую книжицу глав – бесценных маргаритов Божественной премудрости, преисполненных неизреченной небесной сладости Святого Духа, полагает в непоколебимое основание своих слов изречения Священного Писания: во утрии избивах вся грешныя земли (Пс. 100:8), и прочие; также: царствие Божие внутрь нас есть (Лк. 17:21); и: уподобися царствие небесное зерну горушичну, и бисеру, и квасу; и опять: без Мене не можете творити ничесоже (Ин. 15:5); также: всяким хранением соблюдай твое сердце (Притч. 4:23); и: очисти внутреннее скляницы, да будет и внешнее ее чисто (Мф. 23:26); и: несть наша брань к крови и плоти, но к началом и ко властем и к миродержителем тмы века сего, к духовом злобы поднебесным (Еф. 6:12); также: трезвитеся, бодрствуйте: зане супостат ваш диавол, яко лев рыкая ходит, иский кого поглотити, емуже противитися тверди верою (1Пет. 5:8–9); также: соуслаждаются закону Божию по внутреннему человеку: вижду же ин закон противу воюющ закону ума моего, и пленяющ ми (Рим. 7:22–23); и проч.

Божественный отец наш Диадох, епископ Фотикийский, свидетельствованный в книге вышепомянутого святителя Христова Симеона Фессалонитского, полагает своим словом, исполненным духовной премудрости, коих в Божественной его книге находится сто глав, об умной Иисусовой, в сердце священнодействуемой молитве следующее основание из Божественного Писания: *никтоже может рещи Господа Иисуса, точию Духом Святым* (1Кор. 12:3); и из Евангельской притчи о купце, ищущем добрые бисеры, приводит следующими словами: *это – многоценный бисер, который может приобрести тот, кто продаст имение свое и о обретении его будет иметь неизглаголанную радость* и прочее.

Преподобный отец наш Никифор Постник, свидетельствуемый в той же книге вышеупомянутого святителя Симеона, в слове своем о хранении сердца, преисполненном духовной пользы, уподобляет это Божественное мысленное в сердце делание молитвы сокровищу, сокровенному на селе, и называет светильником горящим, приводя изречения Священного Писания: *царствие Божие внутрь вас есть* (Лк. 17:21), и: *несть наша брань к крови и плоти* (Еф. 6:12); также: *чтобы делать и хранить* (Быт. 2:15), и прочее.

Блаженный и Богоносный отец наш Григорий Синаит, который деланием этой Божественной молитвы взошел в крайнее Боговидение, и как солнце просиял дарованиями Святого Духа в святой Афонской горе и на прочих местах, составивший «Троичны», поемыя всякую неделю после троичного канона в святой Соборной Восточной Церкви по всей вселенной, также и канон Животворящему Кресту, обнявшии писания всех духоносных отцов, составил книгу, исполненную всякой духовной пользы, в которой более всех прочих святых в тонкости учит об этой Божественной, умом в сердце священнодействуемой молитве, и приводит в подтверждение своих слов из Священного Писания следующее: *Помяни Господа Бога твоего выну* (Втор. 8:18); также: *в заутрии сей семя твое, и в вечер да не оставляет рука твоя* (Ек. 11:6), и прочее; также: *аще молюся языком*, то есть, устами, *дух мой помолится*, то есть, глас мой (знай, что уста и язык, и дух и глас – одно и то же); *а ум мой без плода есть; помолюся убо духом, помолюся же и умом*, и: *хощу рещи пять словес моим умом* (1Кор. 14:14, 19), и прочее, приводя в свидетеля и Лествичника, относящего эти слова к молитве. Также: *нуждно есть царствие небесное, и нуждницы восхищают е*; также: *никтоже может рещи Господа Иисуса, точию Духом Святым* (1Кор. 13:3), и прочее. Апостольским стопам последователь, непреоборимый столп православной веры, огненным Духа мечем и истиною православных догматов уничтоживший на Флорентийском соборе, как паутинные сети, духоборные ереси Латинян, Марко, говорю, всесвященнейший, премудрейший и словеснейший, митрополит Ефесский, в начале толкования церковного последования, пишет о Божественной Иисусовой молитве, совершаемой тайно умом в сердце, употребляя свидетельства Божественного Писания, которого и самые Богомудрые слова предлагаю следующие: «Следовало бы, по повелевающей заповеди, непрестанно молиться, и духом и истиною возносить поклонение Богу; но прилежание о помыслах житейских и узы попечений о теле отводят многих и отстраняет от царствия Божия, находящегося внутри нас, как возвещает слово Божие, и препятствует пребывать при умном жертвеннике, и приносить от себя духовные и словесные жертвы Богу, по Божественному Апостолу, говорящему, что – мы храм Бога, живущего в нас, и Дух его Божественный живет в нас. И нет ничего удивительного, если это обыкновенно так бывает со многими, живущими во плоти; когда видим, что некоторые из монахов, отрекшихся мирских вещей, но причине мысленной брани от предприятия страстей, и восстающего оттого большого мятежа, помрачающего словесную часть души, еще не могут достигнуть чистой молитвы, хотя и сильно этого желают. Усладительна чистая в сердце и непрестанная память Иисуса, и бывающее от нее неизреченное просвещение».

Преподобный отец наш Российский, святой Нил Сорский, составивший свою книгу о мысленном хранении сердца из учения Богоносных отцов, а в особенности из Григория Синаита, употребляет из Священного Писания свидетельства такие: *от сердца исходят помышления злая, а те сквернят человека* (Мф. 15:19); и: *очисти внутреннее стклянцы* (Мф. 23:26); также: *духом и истиною подобает кланятися Отцу*; также: *аще молюся языком*, и прочее; и: *хощу пять словес умом моим рещи, нежели тмы словес языком* (1Кор. 14:14, 19), и прочее.

Российское светило опять, святитель Христов Димитрий, митрополит Ростовский, духовным мечем слова уничтоживший, как паутинные сети, заблуждения раскольников и их богопротивный, растленный, и Священному Писанию противный разум, написавший многие учения на пользу святой Церкви, исполненные премудрости Святого Духа, и составивший слово о внутреннем мысленном делании молитвы, преисполненное духовной пользы, употребляет, из Священного Писания свидетельства следующие: *ты же, егда молишися, вниди в клеть твою*, и прочее; также: *тебе рече сердце мое: Господа взыщу: взыска Тебе лице мое: лица твоего, Господи, взыщу*; также: *Царствие Божие внутрь нас есть*, также: *всякою молитвою и молением молящеся на всяко время духом*, и: *аще молюся языком, дух мой молится, а ум мой без плода есть: помолюся духом, помолюся же и умом, воспою духом, воспою и умом* и прочее. Эти слова он, согласно с святым Иоанном Лествичником, Григорием Синаитом и Нилом Сорским, разумеет об умной молитве.

Да и самый устав церковный, печатанный в царствующем великом граде Москве, предлагая церковное законоположение о поклонах и молитве, приводит и об этой Божественной молитве изречения Священного Писания следующие: *Бог есть дух: духом и истиною кланяющихся Ему ищет* (Ин. 4:24). Также: *аще молюся языком, дух мой молится, а ум мой без плода есть. Что убо есть помолюся духом, помолюся и умом, воспою духом, воспою же и умом?* (1Кор. 14:14–15). И опять: *хощу*, говорит, *в церкви пять словес умом моим глаголати, нежели тмы словес языком* (1Кор. 14:19). И приводит в свидетельство святых отцов: св. Иоанна Лествичника, св. Григория Синаита и Святого Антиоха, и отчасти их Божественные учения об этой умной молитве, и, наконец, говорит: «И этим здесь мы заканчиваем слово о священной и приснопамятной умной молитве». А затем уже говорит и о святой, всем общей молитве, совершаемой по церковному чиноположению.

Вот благодатию Божиею показано, что Богоносные отцы, умудренные просвещением Святого Духа, основание своего учения о мысленном священнодействии молитвы, тайно совершаемое во внутреннем человеке, полагают на недвижимом камени Божественного Писания Нового и Ветхого Заветов, заимствуя оттуда, как из неисчерпаемого источника, так много свидетельств.

Кто же из правоверующих христиан, видя это, мог бы хоть мало усумниться об этой Божественной вещи? Разве только повинующиеся духу нечувствия, которые слышат и видят, а понять и узнать не хотят. Но те, кои имеют страх Божий и здравый разум, видя такие свидетельства стольких свидетелей, единодушно признают, что это Божественное дело, преимущественно пред всеми монашескими подвигами, свойственнее и приличнее Ангельскому монашескому чину. Об этом делании вышеупомянутые и многие другие Божественные отцы наши в своих писаниях предлагают многие достослышанные, паче меда и сота сладчайшие, исполненные духовной премудрости слова, научая внутреннему, мысленному против мысленных врагов подвигу: как должно обращать на них этот духовный меч, и пламенное непобедимое оружие имени Иисусова, охраняющее сердечные врата, то есть: как должно эту Божественную Иисусову молитву священнодействовать умом в сердце.

Об этом священнодействии сей священной молитвы, особенно же о самых ее начатках, и о том, как опытом должно новоначальным обучаться ей, я последнейший, по силе моего немощного ума, при помощи Божией должен хоть что-нибудь немного написать из учения святых отцов. И, во-первых, нужно изъявить о том, что эта Божественная молитва есть духовное художество; потом – какое для занятия ею, по учению святых отцов, требуется предуготовление.

ГЛАВА 3.

О ТОМ, ЧТО ЭТА СВЯЩЕННАЯ УМНАЯ МОЛИТВА ЕСТЬ ДУХОВНОЕ ХУДОЖЕСТВО

Да будет известно, что Божественные отцы наши называют это священное мысленное делание молитвы – художеством. Святой Иоанн Лествичник в слове 27-м о безмолвии, уча о таинстве этой умной молитвы, говорит: «Если ты основательно изучил это художество, то не можешь не знать, что говорю. Сидя на высоте, наблюдай, если только умеешь, и тогда увидишь: как, когда, и откуда, и сколько, и какие тати приходят, чтобы войти, и украсть твои грозды. Страж этот, утомившись, встает и молится; потом опять садится, и мужественно принимается за прежнее делание».

Святой Исихий, пресвитер Иерусалимский, об этой священной молитве говорит: «Трезвение есть духовное художество, совершенно, с помощью Божиею, избавляющее человека от страстных помыслов и слов, и лукавых дел» (гл. 1).

Святой Никифор Постник, уча о ней, говорит: «придите, и объявлю вам художество, или лучше – науку, вечного, лучше же – небесного жительства, вводящую делателя своего, без труда и безопасно в пристанище бесстрашия».

Художеством же святые отцы, как показано, называют эту святую молитву, думаю, потому, что как художеству человек не может научиться сам собою без искусного художника: так и этому мысленному деланию молитвы, без искусного наставника, навыкнуть невозможно. Но дело это, по святому Никифору, и многим, или даже и всем, приходит от учения; редкие же без учения, болезненностию делания и теплотою веры, прияли его от Бога. Церковное правило по уставу и священным церковным книгам, которое православные христиане, мирские и монахи, должны ежедневно, как дань, приносить небесному Царю, может всякий грамотный устно читать и совершать без всякого учения. А умом в сердце приносить Богу таинственную жертву молитвы, так как это духовное художество, без научения, как выше указано, невозможно.

Будучи же духовным художеством, оно составляет и непрестанное делание монахов; чтобы не только отречением от мира и яже в мире, переменою имени при пострижении, особенностью одежды, безбрачием, девством, чистотою, самопроизвольною нищетою, отдельностью пищи и места жительства; но и самым мысленным и духовным по внутреннему человеку вниманием и молитвою, монахи имели отменное и превосходнейшее пред мирскими людьми делание.

ГЛАВА 4.

КАКОЕ НУЖНО ПРЕДУГОТОВЛЕНИЕ ТОМУ, КТО ЖЕЛАЕТ ПРОХОДИТЬ ЭТО БОЖЕСТВЕННОЕ ДЕЛАНИЕ

Насколько эта Божественная молитва больше всякого другого монашеского подвига, которая, по святым отцам, есть верх всех исправлений, источник добродетелей, тончайшее и невидимое во глубине сердца делание ума: настолько и тончайшие, невидимые, едва постижимые для человеческого ума, распростираются на нее невидимым врагом нашего спасения сети многообразных его прелестей и мечтаний. Поэтому, усердствующий обучаться этому Божественному деланию, должен, по святому Симеону Новому Богослову, предать себя душою и телом в послушание, согласное с Священным Писанием: то есть: предать себя в полное отсечение своей воли и своего рассуждения – человеку, боящемуся Бога, усердному хранителю Его Божественных заповедей и не неопытному в этом мысленном подвиге, могущему, по писанию святых отцов, показать повинующемуся незаблудный путь ко спасению – путь умного делания молитвы, тайно совершаемой умом в сердце. Это необходимо для того, чтобы истинным послушанием в разуме, он мог соделаться свободным от всех молв и попечений и пристрастий этого мира и тела. Как же и не быть свободным тому, кто всякое попечение о душе своей и теле возложил на Бога и, по Боге, на своего отца. Смирением же, рождающимся от послушания, по свидетельству Святого Иоанна Лествичника и многих св. отцов, возможет он избежать всех прелестей и сетей дьявольских, и тихо, безмолвно, без всякого вреда, постоянно упражняться в этом мысленном деле, с великим душевным преуспеянием.

Если же бы кто предал себя и в послушание, но не нашел бы в отце своем самым делом и опытом искусного наставника этой Божественной умной молитвы (в нынешнее время – увы! достойно многого плача и рыдания – совсем исчезают опытные наставники этого делания): то не должен он поэтому приходить в отчаяние. Но, пребывая в истинном послушании по заповедям Божиим (а не самочинно и особенно, самовольно, без послушания, чему обыкновенно последует прелесть), возложив всю надежду на Бога, вместе с отцом своим, пусть, вместо истинного наставника, верою и любовью повинуется учению преподобных отец наших, изложивших до тонкости учение об этом Божественном делании из просвещения Божественной благодати, и отсюда пусть заимствует наставления об этой молитве. И, во всяком случае, благодать Божия, молитвами святых отцов, поспешит и вразумит – как, без всякого сомнения, научиться этому Божественному делу.

ГЛАВА 5.

О ТОМ, ЧТО ТАКОЕ ЭТА СВЯЩЕННАЯ ИИСУСОВА МОЛИТВА ПО КАЧЕСТВУ СВОЕМУ И ДЕЙСТВИЮ

Положив твердым и непоколебимым основанием этой Божественной молитвы такое предуготовление, то есть, блаженное послушание, – время уже показать из учения святых отцов: что такое эта священная молитва по качеству своему и действию. И это для того, чтобы желавший обучиться ее духовному деланию видел, к какому великому и неизреченному преуспеянию во всяких добродетелях возводит она подвижника, и этим поощрился бы в желании с большим усердием и Божественной ревностью прилепиться священному деланию этой мысленной молитвы.

Святой Иоанн Лествичник в слове 28 о молитве, в начале говорит: «молитва, по качеству своему, есть общение и соединение человека с Богом: а по действию – утверждение мира, примирение с Богом, матерь и опять дщерь слез, очищение грехов, мост проводящий через искушения, стена против скорбей, уничтожение браней, Ангельское дело, пища всех бесплотных, будущее веселие, беспредельное делание, источник добродетелей, причина дарований, невидимое преуспеяние, пища души, просвещение ума, секира на отчаяние, доказательство надежды, прекращение печали, богатство монахов, сокровище безмолвников, уменьшение раздражительности, зерцало преуспеяния, показание меры, обнаружение состояния, указание будущего, назнаменование славы. Молитва для истинно молящегося есть судилище, суд и престол Господень, еще прежде будущего суда».

Святой Григорий Синаит, в главе 113-й говорит: «Молитва в новоначальных есть как огонь веселия, издаваемый сердцем; в совершенных же – как действуемый свет благоухающий». Или опять: «молитва есть проповедание Апостолов, действие веры, или лучше – непосредственная вера, уповаемых извещение, действуемая любы, Ангельское движение, сила бесплотных, дело и веселие их, благовествование Бога, извещение сердца, надежда спасения, знамение освящения, образование святости, познание Божие, явление крещения, очищение купели, Духа Святого обручение, Иисусово радование, веселие души, милость Божия, знамение примирения, Христова печать, луч мысленного солнца, денница сердец, утверждение Христианства, примирения Божия явление, благодать Божия, премудрость Божия, или лучше – начало самопремудрости, явление Божие, дело иноков, жительство безмолвников, причина безмолвия, знамение жительства Ангельского».

Блаженный Макарий Великий говорит: «Глава всякого благого тщания и верх всех исправлений есть то, чтобы претерпевать в молитве, которою мы можем приобрести, через испрошение у Бога, и все прочие добродетели. Молитвою достойнее приобщаются святости Божией и духовного действия, и соединения ума с Господом неизреченною любовью. Кто всегда понуждает себя претерпевать в молитве, тот духовною любовью возгорается в Божественное рачение и в пламенное желание к Богу, и приемлет, в известной мере, благодать духовного освятительного совершенства» (Беседа 40, гл. 2).

Святой Исихий, пресвитер Иерусалимский, говорит: «Свеородным и молниеродным, и светоиспускательным, и огненосным пусть прилично и тезоименно называется хранение ума. Превосходит оно, сказать поистине, все бесчисленное множество телесных добродетелей. Итак, эту добродетель должно называть самыми честными наименованиями по причине рождающегося от нее светозарного света. Возлюбив ее, грешные, непотребные, мерзкие, неразумные, несмысленные и неправедные могут соделаться праведными, благопотребными, чистыми, святыми и разумными о Христе Иисусе. И не только это, но и зреть Божественные таинства, и богословствовать. И, став зрительными, переплывают к этому чистейшему и бесконечному Свету, и касаются Его неизреченными прикосновениями, и с Ним живут и пребывают, так как они вкусили *яко благ Господь* (Пс. 33:9), то и исполняется явно в таких первоангелах это Божественное Давидское слово: *обаче праведнии исповедятся имени Твоему, и вселятся правии с лицем Твоим* (Пс. 139:14). Воистину, одни эти истинно призывают и исповедаются Богу, и с Ним любят беседовать всегда, любя Его» (гл. 171).

Святой Симеон, архиепископ Фессалонитский, об этой священной молитве говорит: «Эта Божественная молитва, это призывание нашего Спасителя: «Господи Иисусе Христе, Сыне Божий, помилуй мя», есть и молитва и моление, и исповедание веры, и подательница Святого Духа, и даровател Божественных даров, и очищение сердца, и изгнание бесов, и вселение Иисус-Христово, и источник духовных мыслей и Божественных помышлений, и избавление от грехов, и врачевание душ и телес, и податель Божественного просвещения, и источник милости Божией, и даровател смиренным откровений

Божественных таин, и самое спасение; потому что есть ношение спасительного имени нашего Бога. Это-то самое и есть наречение на нас имени Иисуса Христа, Сына Божия» (гл. 296).

Точно так и прочие Богоносные отцы, пиша об этой священной молитве, своим, исполненным Божией премудрости, учением, изъявляют о ее действии, о происходящей от нее неизреченной пользе и о преуспеянии через нее в Божественных дарованиях Святого Духа.

Кто же, видя, что эта священнейшая молитва приводит подвижника к такому небесному сокровищу различных добродетелей, не разжжется ревностью Божиею ко всегдашнему деланию молитвы, чтобы ею постоянно содержать в душе и сердце Всесладчайшего Иисуса, поминая в себе непрестанно Его вседражайшее Имя, и этим распаляться к неизреченной Его любви? Разве только тот, кто, прилежа к житейским помыслам, связался узою телесных попечений, отводящих многих и отстраняющих от царствия Божия, находящегося внутри нас. Тот только разве не возусердствует коснуться мысленного делания мысленной молитвы, кто самым делом и опытом не вкусил душевною гортанию неизреченной Божественной сладости этого полезнейшего делания, и не знает, сколько эта вещь имеет внутри себя сокровенную духовную пользу. А желающие быть любовью соединенными с сладчайшим Иисусом, оплевав все красоты этого мира, все наслаждения и самый телесный покой, ничего другого не захотят иметь в этой жизни, как только постоянно упражняться в райском делании сей молитвы.

ГЛАВА 6.

О ТОМ, КАК ДОЛЖНО В НАЧАЛЕ ОБУЧАТЬСЯ ДЕЙСТВОВАНИЮ УМОМ В СЕРДЦЕ ЭТОЙ БОЖЕСТВЕННОЙ МОЛИТВЫ

В древние времена это всесвятое делание умной молитвы воссияло на многих местах, где только имели пребывание святые отцы. Потому тогда и учителей этому духовному деланию было много. По этой причине и св. отцы наши, пиша о нем, изъявляли только происходящую от него неизреченную духовную пользу, не имея, как я думаю, нужды писать о самом опыте, этого делания, приличествующем новоначальным. Если же где несколько и писали об этом, то и это только для знающих опыт этого делания — очень ясно; а для незнающих вовсе непонятно. Некоторые же из них, когда увидели, что истинные и непрелестные наставники этого делания начали совсем умаляться, и опасаясь, чтобы не утратилось истинное учение о начале этой мысленной молитвы, написали и самое начало и опыт, как должно обучаться новоначальными, и входить умом в страны сердечные, и там истинно и непрелестно действовать умом молитву. Этих-то отцов самое Божественное учение об этом предмете нужно представить на среду.

Святой Симеон Новый Богослов о начале этого делания говорит так: «Истинное и непрелестное внимание и молитва состоит в том, чтобы во время молитвы ум хранил сердце, и пребывал бы постоянно внутри его, и оттуда, то есть, из глубины сердца, воссылал молитвы к Богу. И когда внутри сердца вкусит, яко благ Господь, и усладится, то не будет уже исходить из места сердечного. И вместе с Апостолом скажет и он: *добро есть нам, зде быти* (Мф. 17:4). И осматривая непрестанно сердечные места, он изобретает некоторый способ прогонять все, всеваемые там, вражеские помыслы». И ниже еще яснее говорит он об этом так: «Едва только ум найдет место сердечное, немедленно видит то, чего никогда не видал: видит он среди сердца воздух, и себя всего светлым и полным рассуждения. И с тех пор, откуда бы ни показался помысл, прежде, нежели он войдет и изобразится, немедленно прогоняет его и уничтожает призыванием Иисуса Христа. Отселе ум, получив памятозлобие к бесам, двигает против них естественный гнев, гонит и низлагает мысленных супостатов. И прочему научишься с помощью Божиею посредством блюдения ума, держа в сердце Иисуса» (Слово о трех образах молитвы).

Преподобный Никифор Постник, научая еще яснее о входе умом в сердце, говорит: «Прежде всего, пусть будет жительство твое безмолвно, беспопечительно и со всеми мирно. Потом, войдя в клеть твою, затворись, и сев в каком-нибудь углу, сделай, что я тебе скажу. Знаешь, что дыхание, которым дышим, есть этот воздух; выдыхаем же его ничем иным, как только сердцем. Оно-то причина жизни и теплоты тела. Привлекает же сердце воздух, чтобы посредством дыхания выпустить вон свою теплоту, и доставить себе прохладу. Причина этого действия, или лучше сказать – служитель, есть легкое, которое будучи создано Создателем – редким, как насос какой, удобно вводит и выводит окружающее, то есть, воздух. Таким образом, сердце, привлекая посредством воздуха холод, и испуская теплоту, совершает непрестанно то отправление, ради которого оно устроено к составлению жизни. Ты же вместе, и собрав ум свой, понудь войти в сердце вместе с дыханием. Когда же он войдет туда, то последующее за сим будет уже не невесело и не нерадостно». И ниже: «Поэтому, брат, приучи ум не скоро выходить оттуда: потому что сначала он очень скучает от внутреннего затвора и тесноты».

Когда же приобыкнет, то уже не терпит скитаться вне, потому, что царствие небесное находится внутри нас: его-то, когда рассматриваем там и взыскуем чистою молитвою, то все внешнее делается мерзким и ненавистным. Если сразу, как сказано, войдешь умом, в сердечное место, которое я показал тебе: то воздай благодарение Богу, и прославь, и взыграй, и держись этого делания постоянно, и оно научит тебя тому, чего ты не знаешь. Надо же знать тебе и то, что ум, пребывая там, должен не молчащим или праздным стоять, но эти слова: «Господи Иисусе Христе, Сыне Божий, помилуй мя!» иметь непрестанным делом и поучением, и никогда от этого не переставать. Это, содержа ум не высящимся, сохраняет его неуловимым и неприступным для прилогов вражьих, и возводит его повседневно в любовь и желание Божественное. Если же, потрудившись, брат, много, не возможешь войти в страны сердца, как мы тебе повелели: то сделай, что скажу тебе, и при помощи Божией найдешь искомое. Известно тебе, что словесность каждого человека находится в персях: здесь, внутри персей, и при молчании уст, мы говорим и рассуждаем, и произносим молитвы и псалмы и прочее. Этой-то словесности, отняв от нее всякий помысл (можешь это, если захочешь), дай говорить: «Господи Иисусе Христе, Сыне Божий, помилуй мя», – и понудься это, вместо всякой другой мысли, постоянно взывать внутри. «Когда же ты это подержишь некоторое время, то этим отверзется тебе и сердечный вход, как мы тебе написали, без всякого сомнения, как мы и сами узнали из опыта. И придет к тебе, с многовожделенным и сладким вниманием, и весь лик добродетелей: любовь, радость, мир, и прочие».

Божественный Григорий Синаит, уча также, как должно умом действовать в сердце спасительнейшее призывание Господа, говорит: «Сидя с утра на седалище в одну четверть, низведи ум от владычественного в сердце, и держи его в нем. И преклонившись с трудом, и ощущая сильную боль в груди и плечах и вые, непрестанно зови умно или душевно: «Господи Иисусе Христе, помилуй мя!» Потом, если, быть может, ради тесноты и болезненности, и от частого призывания она сделается тебе несладостна (что бывает не от однообразности снеди Триименного, часто ядомой, ибо ядущии Мя, сказано, еще взалчут – (Сир. 24:23): то переменив ум в другую половину, говоря: «Сыне Божий, помилуй мя!» И многократно произнося эту половину, не должен ты по лености часто переменять их: потому что деревья, часто пересаживаемые, не вкореняются. Удерживай же и дыхание легкого, чтобы тебе не дерзостно дышать; ибо дыхание духов происходящее от сердца, развевает мысль, и помрачает ум, и возвращая его оттуда, или предает пленником забвению, или заставляет вместо одного поучаться другому, и оказывается он нечувствительным в том, в чем не должно. Если ты увидишь нечистоты лукавых духов, то есть, помыслы, возникающие или изображающие в уме твоем, то не ужасайся: но если и добрые разумения о некоторых вещах являются тебе – не внимай им: удерживая же по возможности дыхание, и ум заключая в сердце, и действуя постоянно и часто призывание

Господа Иисуса, ты скоро сокрушишь и истребишь их, уязвляя невидимо Божественным именем, как говорит и Лествичник: «Иисусовым именем бей ратников, потому что нет оружия, более крепкого, ни на небе, ни на земле».

И опять тот же Святой, уча о безмолвии и молитве, как должно в нем сидеть, говорит: «Иногда должно сидеть на стульце, ради труда; иногда и на постели немного до времени, для отрады. В терпении же должно быть твое сидение, ради сказавшего, что в молитве должно терпеть (Лк. 18:1), и не скоро вставать, малодушествуя по причине трудности болезни и умного взывания и частой напряженности ума. Так вещает и Пророк: *болезни объяша мя аки раждающия* (Иер. 8:21). Итак поникши долу и ум собирая в сердце, если отверзлось тебе твое сердце, призывай в помощь Господа Иисуса. Боля же раменами, часто болезнуя головой, терпи то усиленно и ревностно, взыскуя в сердце Господа: *нудящимся принадлежит царство небесное, и нуждницы восхищают е* (Мф. 11:12)», и прочее. И еще, как должно произносить молитву, говорит: «Отцы сказали так: «иной говорит: Господи Иисусе Христе, Сыне Божий, помилуй мя! – все: иной же – половину: Иисусе, Сыне Божий, помилуй мя! – и это удобнее, по причине немощи еще ума и младенчества. Не может же никто сам собою, без Духа, тайно именовать Господа Иисуса – чисто и совершенно, *точию Духом Святым* (1Кор. 12:3): но, как немотствующий младенец, совершить ее членами еще не может. Не должен же он по лености часто переменять призывания имен; но редко – для удержания. Опять: иные учат произносить ее устами, другие же – умом; а я допускаю и то и другое. Иногда ум изнемогает, соскучившись говорить; иногда же – уста. Поэтому должно молиться – и устами и умом; однако безмолвно и несмущенно должно взывать, чтобы голос, смущая чувство и внимание ума, не препятствовал, пока ум обыкнув в деле, преуспеет, и примет от Духа силу – крепко и всячески молиться. Тогда уже не нуждается он говорить устами, и даже не может, будучи в состоянии творить делание совершенно одним умом».

И так вот вышеупомянутые святые отцы, как показано, представляют очень ясное учение и опыт обучения умному деланию для новоначальных. А от этого учения можно уразуметь и учение прочих Святых об этом делании, изложенное более прикровенно.

Конец.

Богу премилостивому слава, честь, поклонение и благодарение в бесконечные веки. Аминь.

ПРИМЕЧАНИЯ

1 Во времена старца Паисия особенным хулителем умной молитвы явился некоторый суеумный философ-монах, пребывавший в Лошенских горах в Молдавии. Против него в особенности и написан этот «Свиток», так назвал старец Паисий свою статью.

2 Когда старец Паисий писал, это; то он сам может быть, еще не видал этих слов св. Иоанна Златоуста об умной молитве; потому что Свиток этот писан еще в Драгмирском монастыре, т. е. вскоре по переселении старца с Афона в Молдавию. Но впоследствии блаженный старец перевел эти слова на славянский язык, и они напечатаны, в числе прочих статей об этом предмете, отдельною книгою под названием: «Восторгнутые классы». Также и другие отеческие книги, упоминаемые здесь переведены им и изданы в собрании названном «Добротолюбие».

3 В этом именно смысле объясняет, нищету духа и святой Василий Великий, говоря: «Сокрушение сердца есть погубление человеческих помыслов: кто презрел настоящее, и самого себя посвятил Слову Божию, и разум свой устроил в помышлениях Божественных и превосходящих человека, тот действительно имеет сердце сокрушенное, сотворив его жертвою, непрезираемою Господом, потому что сердце сокрушенно и смиренно

Бог не уничижит (Пс. 50, 19)... Кто не имеет никакого надмения, не гордится никакою человеческою вещью, тот и сокрушен сердцем и смирен духом... Таковых и Господь, ублажает, говоря: «блажени нищи духом» (Бесед. на Псал. 33).

ПРЕПОДОБНЫЙ ПАИСИЙ (ВЕЛИЧКОВСКИЙ)

Преподобный Паисий Величковский, чьё мирское имя было Петр Величковский, родился 20 декабря 1722 года в Полтаве, в семье священника. Его жизнь и деятельность оставили значительный след в истории православного монашества и духовной культуры.

С юных лет Петр проявлял глубокий интерес к религиозной жизни и образованию. Он получил хорошее образование дома и затем продолжил учёбу в Киевской духовной академии. Однако мирская жизнь его не привлекала, и в поисках духовного совершенства он отказался от карьеры священнослужителя и ушел в монастырь.

Паисий принял постриг в Киево-Печерской Лавре, где он глубоко изучал духовные практики и отшельническую жизнь. Желая еще большей уединенности и сосредоточенности, Паисий покинул Украину и отправился на Афон – центр православного монашества.

На Афоне он присоединился к скиту Святого Илии, где занимался переводами церковных текстов с греческого на церковнославянский язык, стремясь возродить интерес к патериковой литературе и святоотеческим трудам. Паисий был убежден, что правильное понимание этих текстов критически важно для духовного обновления монашества.

После Афона, Паисий переехал в Молдову, где стал игуменом нескольких монастырей. В 1763 году он основал монашескую общину в Нямце, которая стала центром духовного просвещения и письменности. Под его руководством монахи активно переписывали богослужебные книги, а также осуществляли переводы важных теологических трудов.

Деятельность Паисия Величковского имела огромное значение для возрождения духовности и монашеской культуры в Восточной Европе. Его ученики и последователи распространили его идеи и методы духовного образования по многим монастырям России, Украины и Балкан.

Преподобный Паисий Величковский умер 15 ноября 1794 года. Он почитается в Православной церкви как святой, его жизнь и труды продолжают вдохновлять многих верующих по всему миру.

www.orthodoxlogos.com

www.ingramcontent.com/pod-product-compliance
Lightning Source LLC
LaVergne TN
LVHW042003060526
838200LV00041B/1845